AF226782

CONGRÈS DES PEUPLES.

A PARIS.

LE
CONGRÈS DES PEUPLES

A PARIS,

PAR ALEXANDRE LAYA,

Avocat,

Ex-professeur de droit international. .

BRUXELLES

TYPOGRAPHIE DE Vᶜ J. VAN BUGGENHOUDT,

Rue de l'Orangerie, 22.

—

1864

A SA MAJESTÉ

l'Empereur des Français,

Sire,

En 1815, les souverains de l'Europe ont fait litière de notre belle et grande ville de Paris.

Les *traités* formulés, dans cette année néfaste, ont eu la prétention de devenir le code international de l'Europe :

Or, depuis 1815, ces traités ont été mis en lambeaux.

Trois révolutions ont aidé à cette légitime lacération.

Malgré ce pacte de souverains, au-dessus des ruines de cette charte des Rois coalisés, plane le grand principe de la révolution-symbole, 1789 ; et quoi que fasse la vieille diplomatie, quoi que fassent les vieilles dynasties, cette révolution tend, à devenir la religion politique des nations.

Pour constater ces deux faits : (*le triomphe de* 1789 *et la radiation des traités de* 1815), vous avez invité LEURS MAJESTÉS EUROPÉENNES à venir à Paris reconnaître cet état de choses, si parfaitement légitime.

Les Rois refusent votre invitation.

Permettez à un simple citoyen, dévoué à la révolution de 1789 et qui approuve (*quoi qu'il ne soit pas un de vos courtisans*), votre initiative, de vous soumettre une idée :

Les Rois vous refusent ?

Eh bien, INVITEZ LES PEUPLES. Vous n'aurez pas le *congrès des souverains :* mais vous aurez, et cela vaut mieux, vous aurez le *congrès des Peuples à Paris*.

Les nations auront enfin formulé leurs droits internationaux.

Voyons le moyen pratique d'arriver à cette solution.

ALEXANDRE LAYA.

LE

CONGRÈS DES PEUPLES

A PARIS.

I

Une demande officielle, émanée du souverain le plus puissant peut-être de l'Europe, a été adressée aux autres souverains : ses termes généraux n'impliquent, de sa part, aucune question spéciale. Le point culminant, prétexte du moins très-légitime, était l'examen, la révision, la dissolution définitive des *traités de* 1815. Pour arriver au but, probablement déterminé dans l'esprit de l'empereur des Français, le moyen mis en avant, cette fois encore, est un *congrès*.

Quelquefois, une commission est une excellente méthode pour terminer à jamais un différend et pour donner une diversion aux esprits.

Le roi Louis-Philippe avait créé, pour sa politique intérieure, parfois un peu trop diplomatique, une ressource qui lui paraissait excellente pour « *enterrer les questions.* »

Il disait à ses ministres : « La Chambre est divisée? *faites nommer une commission.* »

C'était d'un effet immanquable : la commission était nommée; elle se réunissait à l'instant; les premières délibérations étaient pleines d'ardeur; puis, on voulait s'éclairer; on éprouvait le besoin d'une enquête; l'enquête entraînait des délais; les délais sont les frères germains du calme. La question pâlissait devant de nouvelles questions plus brillantes et plus brûlantes, qui prenaient la place de la question délicate. Le tour était fait : Vivent les commissions, et disons : Vivent les congrès, pour enterrer les préjugés et leur substituer les questions à l'ordre du jour.

Donc, en principe, nous proclamons le congrès une idée excellente. Mais nous estimons que le congrès demandé par l'empereur n'a pas pour objet principal de s'occuper des *traités de* 1815, qui sont depuis longtemps en lambeaux : (*Peau de chagrin* de Balzac, appliquée à la diplomatie); ce n'est qu'un voile jeté sur un intérêt de premier ordre; c'est ce qu'on nomme, en procédure, une *exception dilatoire* à quelque grand litige dont le *demandeur* impérial a le secret ; et dont la solution doit être ajournée.

II

La marche suivie depuis quinze ans, inspirée selon les *œuvres napoléoniennes*, qu'il faut lire pour essayer de comprendre le système de l'empereur, a pour nous un mérite : c'est d'être conséquente avec elle-même et de savoir où elle va.

Pour se rendre un compte exact de la pensée dirigeante, il faut consciencieusement lire, étudier, approfondir les principes qui servent de base à ces œuvres ; et probablement, sinon sûrement, on pourra deviner les éléments, les moyens, le but de ces idées gouvernementales.

Cette étude, nous l'avons faite.

Disons-le tout de suite, le mérite et le danger du système c'est d'être personnel.

Nous nous rappelons avoir lu dans une singulière monographie sur la *roulette* et le *trente et quarante* (laquelle ne manquait pas d'un grand bon sens philosophique contre le jeu), un théorème assez net :

« En matière de jeu, disait cet écrivain

» *suî generis*, mieux vaut avoir un système
» que pas de système ; mais cela ne suffit
» pas : au-dessus du système , *il faut*
» *l'homme.* »

Nous ne voulons pas, on le comprend, assimiler les *idées napoléoniennes* au jeu de la *roulette* et du *trente et quarante*. Cela est tout à fait loin de notre pensée. Nous trouvons qu'il y a dans ces idées d'excellentes choses ; surtout en matière économique : *le libre échange, la vulgarisation du crédit, la liberté des exploitations industrielles et artistiques, même la guerre du Mexique.* (Voir page 35.) Mais on né nous contestera pas cette vérité, à savoir que pour mener à bonne fin le système, il faut absolument l'homme. C'est, qu'on nous permette de le dire, la force et la faiblesse des combinaisons, tentées depuis quinze ans, sur le grand tapis vert de la politique française.

En tout cas, tout doit se tenir dans un réseau de dispositions ayant un but déterminé. L'empereur, sans aucun doute, doit avoir son but, que nous ne pouvons pas encore discuter, en voulant réunir les souverains de l'Europe dans un congrès. Examinons donc ce que doit être un congrès, d'abord, en approfondissant, avec l'histoire à la main,

ce que les congrès antérieurs ont produit et
voyons quelles sont les véritables questions
à soumettre à un congrès européen final.
Mais pour faire cet examen, il nous faut,
avant tout, poser un principe qui, malheureusement pour les *congrès du passé*, sinon
pour le *congrès de l'avenir*, prouvera la par-
faite et déplorable vérité de la formule que
voici :

« Parmi les modes d'agir que le *droit in-*
» *ternational* met à la disposition des *na-*
» *tions*, sont, en première ligne, les con-
» grès ; mais l'histoire démontre, sans con-
» teste, que presque jamais, en matière de
» droit *international*, les *nations* n'ont été
» consultées dans les congrès antérieurs. »

Or, selon nous, notre siècle, avec son besoin de publicité, de liberté et de vérité, a le
droit de regarder la diplomatie telle qu'elle
est comme une vieillerie stérile ; pourtant,
elle règne encore : Voilà d'où vient la diffi-
culté, pour ne pas dire l'impossibilité, de
régler définitivement les litiges internationaux, soit par la diplomatie et ses correspondances, soit par les congrès et ses agents,
surtout si ces agents sont les souverains
eux-mêmes : cela soit dit sans les offenser.

Le *droit des gens* en Europe n'a jamais eu

depuis qu'il y a eu une formule acceptée par les souverains, la naïveté droite, honnête, décisive de l'ancien *collége des féciaux*, à Rome.

Que c'était bien là le bon temps de la diplomatie !

Comme c'était simple : et comme cette porte à double face de *Janus* et cette voix retentissante du *hérault d'armes*, se présentant carrément devant les armées, avaient une signification vraiment populaire.

Il est vrai que :

De *Janus* on a conservé la double face, c'est la grimace de la diplomatie, tantôt souriante, tantôt menaçante, tournant son masque de manière à ce que l'on ne parvienne pas à saisir la véritable expression de ses traits.

De la *parole* du hérault, on a conservé les formules ; mais avec cette fameuse maxime, écrite en tête de toutes les correspondances, sous la dictée du plus fameux *hérault* de la diplomatie moderne : « La parole a été donnée à l'homme pour déguiser sa pensée. »

A notre avis, les correspondances diplomatiques, les congrès, pourraient, sans aucun doute, amener des conclusions définitives, si l'on avait, pour résoudre les questions en litige, deux éléments : une représentation véritable des intérêts internationaux par un personnel plus accrédité que les souverains, et surtout un programme fort simple à développer, dans l'intérêt général des nations : c'est-à-dire *l'affermissement solidaire des grands principes de la liberté, de la dignité, du bien-être des peuples, tout en respectant les* NATIONALITÉS.

Voyons, d'abord, très-consciencieusement, si les différents traités, résultats des délibérations prises en *congrès*, depuis qu'il existe un *droit des gens* en Europe, ont été débattus, dictés, écrits, sous l'inspiration réelle des *nations*, lorsqu'ils sont devenus leur loi *internationale*.

IV

Sans remonter plus haut que le XVIIe siècle, il est convenu que la base du droit des gens est le fameux *traité de Westphalie*.

Nous ne voulons pas faire ici de l'érudition beaucoup trop facile. Tout le monde sait ce que c'est que le *traité de Munster et d'Osnabruck*. Nous voulons seulement bien déterminer cet élément de discussion ; c'est que les nations n'ont pas eu, dans la politique de Richelieu, ni après la guerre de trente ans, pour écrire les traité de Westphalie, la véritable formule de leurs volontés.

Si la paix, si la guerre sont décidées, il faut bien reconnaître que cette décision naît presque toujours de la volonté impérieuse des souverains ; mais, le moyen de reconnaître si les nations guerroyantes veulent la guerre, ou si les nations pacifiées veulent la paix, c'est de consulter, en même temps, les manifestations extrinsèques émanées du sein même de ces nations. Les événements, les actes, les mouvements populaires peuvent bien passer pour de véritables congrès, si ces mouvements, ces actes, ces événements se produisent juste au même moment que les décisions des congrès de souverains.

Eh bien, voyons ce qui s'est produit à l'occasion des traités de 1648.

D'abord, il est avéré que ces traités sont la base fondamentale, acceptée par les souvevrains du xviie siècle, de la diplomatie ; or, il est très-important de reconnaître un point essentiel, capital, expression manifeste, énergique et trop longtemps passée sous silence, en ce qui concerne le clergé ; à savoir : son abdication formelle en matière de *droit des gens.*

Ce n'est pas une chose indifférente pour

les adversaires, comme nous, du pouvoir temporel clérical, que de poser en principe ce fait considérable que le clergé, en 1648, s'est volontairement retiré des délibérations de la diplomatie : on peut désormais s'en passer.

C'est une abdication, une renonciation à prendre part au contrat ; et, par conséquent. un droit accordé aux adversaires du pouvoir temporel de refuser au clergé sa participation aux décisions du droit international.

Ici, la représentation est irrécusable : puisque le catholicisme s'est soumis à un souverain spirituel, lequel a catégoriquement renoncé aux choses temporelles ; et cela à la suite des discordes religieuses qui avaient produit la *guerre de trente ans.* Maintenant, entrons dans le cœur de la question ; et remontons, un instant, aux sources de l'histoire, pour analyser la position véritable des partis, depuis le fait le plus populaire, le plus expressif qui ait qualifié cette situation, c'est-à-dire l'*abjuration habile de Henri IV*, en 1593, pour arriver, comme conséquence, à décréter l'*édit de Nantes* qui a tout pacifié (*Traité de Vervins*) en 1598.

Certes, on ne peut nier que ces deux actes n'aient été faits, non-seulement pour amener le *bon roi Henri* à Paris *(qui valait bien une messe)*, mais encore pour concilier ses anciens amis, les huguenots, avec ses nouveaux frères, les catholiques. La politique libérale et philosophique de Henri IV pouvait blesser le puritanisme des vieux huguenots ; mais elle était très-populaire et posait, dès la fin du xvi° siècle, les premières idées de la liberté des cultes. En abjurant pour être roi de France, Henri IV n'avait pas d'autre but. Il conciliait.

Or, cette base de liberté, fondée par la *paix de Vervins*, qui coïncidait avec le mouvement populaire, et en était alors la formule, ne tarda pas à troubler le clergé ; l'assassinat de Henri IV, douze ans après, vint apposer le sceau du sang sur cet édit malencontreux (aux yeux du clergé) ; et l'avénement de Richelieu, en 1616, comme secrétaire d'État, vint remettre à la double direction cléricale et royale la question de paix ou de guerre qui souleva les sanglantes représailles de 1618 à 1648.

Le système du cardinal de Richelieu, sur qui roulent tous les événements de la guerre de trente ans, eut pour objet le triomphe du catholicisme au profit et sous la direction de la France, pour étendre son pouvoir.

Nous n'avons pas la prétention de refaire ici l'histoire; mais nous le demandons aux esprits sincères :

Les événements qui ont ensanglanté l'Europe, au nom du catholisme, contre les huguenots, et les tendances ultra-cléricales qui se sont produites, ont-elles bien été le signe réel, sincère, avéré, de l'opinion publique en Europe? La lutte même ne caractérise-t-elle pas suffisamment l'antagonisme des peuples contre ce grand dominateur Richelieu et après lui Louis XIV; la minorité populaire ne se lève-t-elle pas, dans les faits intimes, pour protester contre ce traité de Westphalie, transaction hypocrite du souverain avec la fatigue des combattants.

N'est-ce pas dans le long intervalle de 1618 à 1685 que se produit la *Pétition des droits* en Angleterre, la condamnation de Galilée, le soulèvement des *Va-nu-pieds* en Normandie, la conspiration de Cinq-Mars, le supplice de Charles Ier, la Fronde, le protectorat de Cromwell et tant d'autres manifestations soulevées, comme pour protester contre ces conventions de souverains à souverains, de la part de la nation ou des hommes qui voulaient la liberté de conscience opposée à ces dictatures de la monarchie et du clergé? Où est l'expression populaire, en Europe, dans ce grand acte diplomatique, le *traité de Westphalie*, base convenue du *droit des gens?* Où s'y cache le grand principe de la vérité dans la représentation des intérêts nationaux?

Et, pourtant, ce traité servit de charte internationale. Les traités postérieurs ne furent que des incidents, soulevés toujours par les souverains, dans l'intérêt de leur domination personnelle.

V.

On peut, en jetant un regard sur les événements historiques de 1648 à 1789, formuler ainsi la thèse générale qui les a inspirés :

L'ambition personnelle des rois de France, d'un côté pour agrandir le territoire ; et l'opposition perpétuelle de l'Autriche, telle que Leibnitz l'a qualifiée : « La politique de » la maison de Hapsbourg, disait le grand » philosophe-homme d'État, est une conspi- » ration perpétuelle contre les droits et les » libertés des peuples. «

Or, rien ne démontre plus évidemment

l'effet direct de la volonté des souverains que
les traités qui ont suivi la paix de Westphalie : et cette volonté ne s'est exercée que
dans le but unique d'augmenter leur pouvoir, d'agrandir le territoire de la nation
qu'ils gouvernaient, se préoccupant fort peu
de ce que les peuples élaboraient durant le
cours de ces exploits de la guerre, ou de ces
ingénieuses roueries qui présidaient à la
à la paix. Ce siècle politique, durant lequel
se sont formulés les divers traités européens
(1648-1789), peut passer pour le siècle de la
diplomatie pure des monarques en Europe. Il
est difficile d'y reconnaître la main des nations. Au point de vue de la science, c'est
un siècle tout rempli de formulaires diplomatiques, de correspondances ingénieuses,
d'une littérature spéciale tout pleine d'incidents curieux, d'anecdotes aristocratiques
fort agréables ; la main à la plume, les rois
eux-mêmes ont pris part à cette rédaction de
haute et princière inspiration. Pourtant,
nous devons le reconnaître, le rôle de la monarchie, tout en augmentant sa puissance,
donnait à la France l'unité et la force, vis-à-
vis de l'étranger.

Aussitôt après la paix de Westphalie, la
guerre a recommencé :

Pourquoi?

Parce que Louis XIV voulait reviser la carte de l'Europe; ce fut une raison pour rallumer la guerre. Il y eut alors ce qui se passera de tout temps : une invention très-facile d'excellents prétextes par rallumer la guerre; l'Espagne et l'Autriche furent attaquées; la France obtint bientôt, ce qu'elle désirait : elle fit peur.

Le traité des *Pyrénées* en 1659, le traité *d'Aix-la-Chapelle*, en 1665, et le traité de *Nimègue*, furent pour la France les étapes glorieuses, d'un grand accroissement du pouvoir monarchique. Mais, un siècle plus tard, 1789 prouva que les souverains qui n'agrandissent le territoire que pour augmenter leur pouvoir, ont tort de se passer de l'intervention des peuples.

Il arriva, cette fois encore, ce qui fut toujours, pour la France, la conséquence de ce sentiment : la peur.

L'Europe forma une coalition : à Ryswyk, à Utrecht, à Radstadt, et après la guerre de succession, la puissance monarchique déchoit sensiblement; la carte de la France, se morcèle; sa supériorité s'amoindrit; elle se trouve, en outre, en face de trois nouvelles nations, ou plutôt trois nouvelles puissances souveraines : la *Russie* qui sort de sa Barbarie ; la Prusse érigée en royaume ; l'Angleterre qui reconnaît dans ses voisins une rivale à combattre pour l'avenir et qui, dès la fin du XVIIIᵉ siècle, proportionne ses armements selon l'extension militaire ou commerciale de la France.

VI.

Or, pendant que les souverains règlent ainsi leurs différends, pendant que la guerre qu'ils commandent met l'Europe en feu, et que les diplomates s'étudient à formuler des conventions plus ou moins captieuses, que font les peuples ?

Ils préparent, au milieu de ces guerres, et sous le manteau de ces intrigues de haute origine, tout bonnement une révolution radicale.

1789 sort toute armée du sein des peuples, fatigués de se voir ainsi gouvernés, selon les caprices d'ambitions qui n'apportent que des résultats stériles : et cette révolution radicale exerce une telle influence qu'elle est, encore aujourd'hui, à l'heure qu'il est, invoquée par ceux qui demandent impérieusement (sinon impérialement), la rupture de la vieille politique des souverains entre eux avec la jeune politique des nations entre elles.

En résumé, l'histoire des temps modernes se scinde en deux parties bien tranchées : une lente, longue, souveraine lutte des rois s'étudiant à se tromper, témoins : Louis XI, Richelieu, Louis XIV; et le travail souterrain, mais progressif, de la lumière révolutionnaire qui, malgré tout, s'insinue dans les cœurs, se formule dans les remontrances, les ouvrages philosophiques et les pamphlets; Rupture qui, enfin, crée un droit international nouveau, dont les formules s'inspirent de la volonté des peuples.

Il ne faut pas croire, pourtant, que l'avénement de ce droit des peuples, en 1789, fut définitif. Seulement, on ne pourra nous contester cette vérité, c'est que la coalition, qui eût peur de la France républicaine fut vaincue par cette France, représentante la plus accréditée de la révolution de 1789; et que, lorsque le premier empire voulut exagérer sa force vive; lorsque Napoléon Ier voulut forcer les ressorts de sa grande ambition personnelle, la coalition, qui eut peur encore une fois par habitude, fut triomphante; ce qui prouve que les guerres qui sont populaires (comme celles qui illustrèrent notre république) deviennent des armes formidables contre les gouvernements, lorsque la séve, c'est-à-dire la volonté nationale, vient à leur faire défaut.

Or, les *traités de* 1815, vieilles formules sur le patron du vieux droit international, prouvent que la diplomatie et les congrès du passé ne se remettent à l'ordre du jour que lorsque les idées du passé réussissent à leur tour.

VII

D'après ce qui précède, il n'y a rien d'exagéré dans cette assertion que l'intervention des peuples dans les formules du *droit des gens* n'a pas été la préoccupation principale des souverains, initiateurs des congrès de 1648 à 1815 *inclusivement.*

Est-ce à cette préoccupation que s'est inspirée l'initiative du jour? Oui et non.

Que Sa Majesté l'empereur Napoléon III nous permette de lui présenter, à ce sujet, quelques observations, tirées de son programme même.

Depuis le rétablissement de l'empire, en France, deux grandes idées ont été souvent, dans maintes occasions, émises très-ouvertement par l'empereur.

Il s'appuie, a-t-il dit, sur *les grands principes de* 1789 ; et il veut réaliser, en fait, *le triomphe des nationalités.*

Ainsi, la base de ses principes, serait, à l'entendre, l'application de la grande révolution ; et le but qu'il poursuit à l'extérieur serait d'affermir les nationalités existantes et de rendre leur état politique aux nationalités opprimées. Que l'on consulte, à cet égard, les démocrates les plus avancés ; et, sans aucun doute, ils s'empresseront de déclarer que ce programme est complétement de leur goût.

Malheureusement, nous ne pouvons accorder à l'empereur que, jusqu'à présent du moins, il ait réalisé tout ou partie de ce programme. Aucun des courtisans les plus enthousiastes qui forment la phalange napoléonienne ne peut, malgré toute sa bonne volonté, faire autre chose que d'attendre le « *couronnement de l'édifice,* » pour voir s'accomplir la promesse impériale, en ce qui concerne les principes de 1789.

Quant aux traités de 1815, formulés par les souverains, nous ne pouvons que constater leur complet anéantissement.

En droit élémentaire, lorsqu'un contrat synallagmatique est passé, la rupture d'une convention par une des parties contractantes implique, virtuellement, la rupture du contrat lui-même.

Or, jamais ce principe de droit n'a reçu d'application plus décisive et plus solennelle que depuis les révolutions successives qui ont suivi l'année du congrès de Vienne : et cela par les souverains eux-mêmes.

Cracovie devait rester une république libre, aux termes des traités de 1815. Son incorporation a été prononcée en faveur de l'Autriche : Cracovie fait partie de la Galicie occidentale.

Des révolutions ont amené la modification des dynasties régnantes soit en Italie, soit en France; et ce n'est pas une des particularités les moins curieuses de la radiation des articles principanx des traités de 1815 que la radiation opérée de cet article fondamental :

« *La dynastie de Napoléon Buonaparte a cessé de régner.* » C'était là le principe, la cause, le fondement de ces traités : or, nous n'avons pas besoin d'insister sur ce point : ce premier article fondamental est bel et bien annulé; et certes, il y a là quelque chose

d'assez curieux, c'est que ce soit précisé-
ment l'héritier de la descendance napoléonienne qui vienne, de nos jours, demander
aux souverains qui ne lui marchandent pas
le titre précieux de « *mon bon frère,* » d'en-
registrer dans leurs archives l'acte mor-
tuaire de ces *traités de 1815.*

L'angleterre, l'Autriche, la Prusse et
M. Proudhon auront beau faire, les traités
de 1815 sont bien morts, et, comme dit la
chanson, ils sont morts et enterrés.

Il nous est donc impossible d'imaginer
qu'en proposant à ses « *frères en souverai-
neté,* » le congrès dont il s'agit, l'empereur
ait pour objet de les faire assister, comme
à un service de bout de l'an, à l'enterrement
définitif des traités de 1815.

L'empereur connaît, d'ailleurs, parfaitement les principes du droit naturel : les
moyens de rendre caducs, décrets, lois ou
traités, sont multiples. Le consentement
avoué des parties, la force, c'est-à-dire la
révolution, ne sont pas les seuls moyens qui
suffisent à cette tâche. Il y a aussi le consentement tacite, c'est-à-dire la tolérance, la
désuétude, l'abandon.

Si donc les parties contractantes, depuis
1815, n'ont pas protesté ; si elles ont, comme

l'Angleterre, *laissé faire et laissé passer*; si, qui plus est, elles ont accueilti les représentants des nations devenues infidèles au contrat, il est évident que le consentement tacite de ces gouvernements ne peut être aujourd'hui l'objet d'une réclamation légitime de léur part.

Donc, en fait, en droit, de toute manière, les traités de 1815 ne sont plus, ne peuvent, ne doivent plus être les régulateurs de la position respective des nations en Europe.

Un congrès sur les traités de 1815 est donc inutile, s'il n'a d'autre objet que de constater leur modification. Une lettre morte n'a pas besoin d'être discutée.

D'ailleurs, l'Angleterre, l'Autriche et la Prusse n'ont pas protesté lorsque l'incorporation de Cracovie s'est faite ; lorsque la Hollande a été séparée de la Belgique ; lorsque la France a changé de dynastie, lorsque Napoléon III est devenu empereur (*lui, un Bonaparte*); lorsque l'annexion de Nice et de la Savoie, du Chablais et du Faussigny a été faite. Donc, ce congrès, si son objet unique était de constater le consentement tacite de ces nations à la radiation des traités de 1815, ce congrès est, selon nous, parfaitement inutile.

Il y a plus : il est possible que les trois vieilles puissances, forcées de tolérer le fait accompli, trouvent assez malséant de se voir conviées à assister à l'autopsie d'un cadavre.

Leur refus repose donc sur deux motifs assez plausibles : le premier, c'est l'inutilité de cette constatation qui ressemble à une descente de justice ; le second, c'est la pauvre posture qu'on leur offre dans cet amphithéâtre de dissections des traités, *sur quoi l'empereur Napoléon désirerait raisonner.*

VIII

Mais, entendons-nous bien :

S'il résulte, selon nous, des événements révolutionnaires et des preuves géminées d'assentiments donnés à cet égard, dans maintes occasions, par les puissances souveraines de l'Europe, que *les traités de* 1815 sont déchirés *ipso facto ;* s'il avéré qu'un *congrès,* se réunissant pour *jeter l'absoute* sur la fosse et la bière politique qui enferment les pauvres traités de 1815 est une superfétation inutile ; il n'en est pas moins évident qu'un *congrès* ne soit parfaitement nécessaire, pour arriver à ce que les ÉTATS EUROPÉENS s'entendent finalement sur leurs *droits et sur leurs devoirs respectifs*.

M. de Boissy, au milieu de ses excentricités, qui rappellent un peu, soit dit sans l'offenser, la franchise de Triboulet, a mis l'empereur en garde contre ses amis du premier ou du second degré, lorsqu'ils méritent d'être qualifiés de *courtisans*. Eh bien, nous qui ne pouvons passer pour faire partie de ces « *présents de la colère céleste* » aux souverains de la terre, nous dirons tout franc, à Sa Majesté, que nous sommes très-partisans de l'idée d'un *congrès;* mais nous devons nous expliquer sur ce point; et peut-être bien ne serons-nous pas si loin de la pensée impériale.

Commençons par examiner la situation, par reconnaître franchement les embarras réels, le désappointement manifeste que doit éprouver Napoléon III; puis, voyons s'il n'y a pas un moyen triomphant de faire repentir les grands souverains récalcitrants, de leur refus.

Voyons si l'occasion de donner le dernier coup à ces vieilles et ridicules traditions de la diplomatie avariée du passé n'est pas venu; que l'empereur permette au plus humble adversaire de son gouvernement, de lui soumettre une idée peut-être nouvelle, que nous plaçons sous ces deux vérités :

« Victrix cause Diis pla cuit, sed victa Catoni ! »
Et...*« On peut avoir besoin d'un plus petit que soi ! »*

IX

L'empereur croit que le congrès qu'il voulait former, tout en saluant d'abord l'état des choses détruites, et en prononçant, dans un chœur final, le *de Profundis* nécessaire, se verrait forcé d'examiner les questions brûlantes, celles qui se sont cachées ou que l'on a pris soin de cacher, depuis l'avénement de Napoléon III à l'empire, à savoir *les nationalités*, disons : les vraies, les seules nationalités en souffrance.

Or, sur ce point, selon nous, l'empereur s'est radicalement trompé.

Un congrès complet ou restreint, un congrès de souverains sur de pareilles questions, est, qu'il nous soit permis de le dire, une utopie, rien qu'une utopie.

Voyons : de bonne foi, qu'est-ce qui s'est passé depuis 1851, qui ait trait au *triomphe des nationalités?*

Nous ne voulons, certes, pas déprécier ce qui fait l'admiration du monde entier, la vaillance de nos armées depuis que, contrairement au mot : « *L'empire, c'est la paix,* » *l'empire c'est la guerre.*

Nous sommes partisan très-décidé des systèmes politiques, qui, en France, quelle que soit la forme du gouvernement, réhabilitent une nation dont le nom commence à décliner. Si la gloire militaire est un préjugé, si le canon n'est pas le signe véritable de la civilisation, il ne faut pas méconnaître que dans ces grands duels, souvent nécessaires, de peuple à peuple, la France devait relever le gant qui lui avait été jeté, pendant dix-huit ans d'une *paix à tout prix.*

Donc, la France a reconquis sa place de puissance de premier ordre, en Orient, en Italie, aux Indes, partout.

Or, aussi longtemps que l'idée des *amis de la paix* restera à l'état d'utopie, il est évident que nous ne pourrons trouver mauvais que notre pays soit placé sur le premier rang des nations belligérantes.

Donc, sous ce rapport, nous ne sommes pas de ceux qui disent du mal de la politique impériale. Nous allons plus loin :

Sans aucun doute, nous n'avons pas de motifs à énoncer sur la direction des affaires, telle que l'empereur les a conduites, en ce qui concerne les guerres lointaines. Mais nous ne pouvons adopter, néanmoins, l'opinion de ceux qui reprochent au gouvernement français son intervention, ses actes militaires, en *Chine*, en *Cochinchine* et surtout au *Mexique*.

Nous n'avons jamais eu, ni de près, ni de loin, aucune conversation avec l'empereur, que nous ne connaissons pas même de vue ; mais nous croyons fermement que deux motifs souverains ont guidé sa politique dans ces opérations de la guerre; (à part, bien entendu, le côté très-acceptable de quelques injures plus ou moins graves à venger), ces motifs ont dû être les suivants :

D'abord, en ce qui concerne la *Chine* et la *Cochinchine* : la nécessité, selon nous tout à fait impérieuse, de ne pas laisser les Anglais faire sans nous des pas, des progrès, dans cette partie du monde qui, pour être éloignée de nous, n'en est pas moins un point de mire très-important pour l'avenir de notre commerce et de notre industrie.

En ce qui concerne le *Mexique* : la réalisation très-importante d'un fait considérable, sur lequel il faut donner aux indifférents une explication très-simple, et qui, nous le croyons, est de la plus haute portée pour notre avenir, si l'on suit, à cet égard, notre pensée :

Il ne faut pas se le dissimuler :

L'*Océan Pacifique* doit être considéré comme la *Méditerranée de l'avenir.*

Or, il est très-important pour la France de se ménager des passages, des possessions et même des alliances qui lui donnent un jour, le moyen de s'étendre par ses relations, c'est-à-dire par des voies de communication faciles, jusque dans ces parages lointains.

Or, deux passages sont ouverts qui n'appartiennent pas à la France : 1° un passage au nord, vers le Nicaragua, appartenant aux États-Unis ; 2° un passage au sud, appartenant à l'Angleterre, le chemin de Panama.

Eh bien, si la France pouvait obtenir une influence décisive au Mexique, elle pourrait aisément y établir un canal de navigation qui joindrait l'*Atlantique au Pacifique :* et si l'on y ajoute une alliance avec la Russie pour se servir de la Sibérie, passage établi par la nature pour joindre l'Océan Pacifique et l'Asie méridionale, de cette manière nous aurions, par cette influence, le moyen de commercer aisément avec des nations dont les immenses richesses inexploitées ne deviendraient pas un marché ouvert exclusivement aux Anglais et aux Américains.

Nous ne pouvons, dans cette brochure, examiner cette question à fond, ni lui donner les développements qu'elle comporte ; mais nous croyons très-sincèrement que l'on ne peut reprocher avec raison les guerres de la *Chine*, de la *Cochinchine* et surtout du *Mexique*, non pas seulement parce qu'elles ont été provoquées par des injures plus ou moins graves, mais parce que nous ne devons pas nous laisser devancer par l'Angleterre, dans toutes les questions d'avenir, pour le développement de notre commerce, de notre industrie, et, s'il est possible, des grands principes de 1789, dont l'initiative nous appartient et qui est annoncée par l'empereur lui-même, comme la base de sa propre politique.

Ne retombons plus dans les errements de *la paix à tout prix :* Restons forts par les armes, pour arriver à être forts pour défendre les *droits* des nationalités opprimées.

C'est-à-dire : celle de Rome,

celle de Venise,

celle de la Hongrie,

celle de la Pologne.

X

Nous sommes donc partisan de la convocation d'un congrès pour régler le sort de
ces nationalités, examiner la situation ac-
tuelle de l'Europe sur toutes les grandes
questions internationales : le régime du
commerce et des douanes ; les lois qui tou-
chent aux éternels principes de la morale
publique, et qui réglementent la société au
point de vue du droit naturel ; l'uniformité
des monnaies, des voies de communication,
des lois pénales ; l'abolition non-seulement de
la peine de mort (ce grand et injuste homi-
cide !) mais des coups de fouet aux soldats...
(Oserons-nous écrire *aux femmes !* Est-ce
qu'il serait vrai que des coups de fouet aient
pu être donnés aux femmes ?) Tant d'autres
grandes questions !.. brûlantes, pour le bien-
être de l'humanité.

« Mais, nous dira-t-on, soit : vous êtes partisan d'un congrès ; l'empereur a envoyé ses
invitations et messieurs les souverains lui
ont envoyé tout uniment un refus. Que
voulez-vous ? Il faut se résigner. »

Eh bien ! non.

Il y a dans le grand, le véritable livre des

droits que l'homme peut réclamer de ses semblables, dans l'*Évangile*, de touchantes maximes :

Jésus, voulant exprimer une haute pensée civilisatrice, a souvent consacré la toute puissance de la raison publique, manifestée par les humbles de la terre. Il disait :

« Laissez venir les petits enfants ;

« Bienheureux les pauvres d'esprit ;

« Allez sur la grand'place ; et là, appelez les boiteux, les aveugles, les pauvres ; amenez-les à notre banquet. »

Eh bien, nous disons que le *congrès des nations* peut enfin se réaliser pour réviser le vieux droit *international*, d'après ces principes :

Puisque les rois refusent de venir à votre invitation ; puisqu'ils ne se soucient pas de profiter de votre hospitalité, posez franchement, radicalement, les bases du *congrès des peuples* ; appelez à Paris ce que les souverains désignent aussi sous le titre *d'enfants, de pauvres d'esprit, d'aveugles et de pauvres.*

Mais, sur ce point, entendons-nous :

Il n'y a, Dieu merci, qu'un seul peuple, en Europe, où la liberté de se mouvoir ne soit pas accordée au citoyen : c'est la Russie.

Supposez que les nations, intéressées à

examiner les moyens les plus honnêtes
d'éviter la guerre, puissent envoyer, pour la
formation d'un véritable CONGRÈS INTERNA-
TIONAL, des hommes d'État propres à examiner, dans un centre commun, les éléments
d'un code des nations. Notez que je ne parle
pas ici des représentants d'une opinion politique qui pourrait effaroucher les bourgeois
tremblant au seul nom de *socialisme rouge*
ou de *démagogie*. Je parle des honnêtes
gens de toute opinion, des représentants de
toutes les classes de la société, intéressés à
faire triompher les grands principes de 1789,
dont la France a été le foyer, mais qui ont
rayonné sur toute l'Europe.

Supposez que ce soit à Paris que ce rendez-
vous de la civilisation soit donné : croyez-
vous que l'on vous répondra, comme les souverains, par une fin de non-recevoir ?

Nous sommes convaincu du contraire.

Là, sous la présidence de son initiateur,
cette assemblée des représentants de l'Europe, appelés selon le mode le plus large,
venant librement discuter des intérêts de
l'Europe, auront, sans aucun doute, plus
d'autorité que la réunion des souverains.

Bien que, dans plusieurs constitutions, le
droit de faire la paix ou la guerre appar-

tienne aux rois ou aux empereurs, il est évident que ce droit est toujours subordonné aux influences nationales.

De notre temps, les questions d'agrandissement territorial ne sont plus à l'ordre du jour. Ce qui préoccupe les esprits, ce sont les questions de dignité et de liberté humaine. Les délimitations s'effacent depuis que la révolution de 1789 a posé les bases d'une révolution générale.

Ce n'est plus, par voie diplomatique que l'on doit régler ces différends. Les traités se déchirent par les faits révolutionnaires; et les vieux moyens de conspiration ne sont même plus à l'ordre du jour. Il faut que tout se passe, désormais, sous l'influence d'une direction dont l'âme est tout entière dans la dignité des peuples. Leurs nationalités sont devenues un droit solidaire d'existence propre; et celles des nations dont on opprime l'élan deviennent des victimes que les autres nations doivent sauver.

Or, lorsque les peuples auront envoyé librement, sans entraves, leurs délégués à ce congrès, où toutes les questions seront examinées, quel est le souverain qui pourra s'opposer à l'exécution des décisions prises par cette assemblée?

La révolution est là : les rois qui refusent d'entendre la revendication de droits sacrés, et qui seront condamnés par les délégués des peuples, auront beau se renfermer dans leur pouvoir, toujours factice s'il ne s'appuie sur le suffrage de tous ; ils succomberont.

Nous ne croyons pas que l'idée d'un pareil congrès soit une utopie irréalisable.

Il y a plus : des précédents nombreux viennent accréditer l'idée de cette intervention des peuples dans les voies et moyens de la diplomatie. Les villes anséatiques, les ligues dès Guelfes et Gibelins, la ville de Barcelone au moyen âge et de nos jours, le *National Verein* de l'Allemagne, sont des témoignages vivants de cette intervention. Cette dernière assemblée de Francfort délibérait naguère lorsque la Diète élaborait le projet de l'empereur d'Autriche ; et elle envoyait même ses délibérations à la Diète, pendant la discussion du projet.

Fermez donc vos palais, sire, aux souverains qui seraient venus par curiosité, voir Paris et ses merveilles, puisqu'ils s'y refusent.

Ouvrez la France à l'Europe délibérante, qui, croyez-le bien, vous enverra, selon la forme que vous adopterez, les hommes les plus considérables.

Cette consultation internationale, ce congrès des peuples a paris, serait une revanche éclatante au congrès de Vienne, à l'entrée des alliés dans notre capitale.

Le mode de convocation est des plus simples : nous estimons que les plus économes parmi les membres du Corps législatif ne marchanderont pas les dépenses que nécessiterait cette grande et noble hospitalité.

Les drapeaux sur lesquels on verra flotter dans les airs ce grand enseignement : « *Principes de 1789* » et « *Triomphe des nationalités* , » ne pourront être portés que d'une main sûre, par les délégués de *Rome*, de *Venise*, de la *Hongrie* et de la *Pologne*.

Je ne parle pas des autres nations :

L'*Angleterre*, dont le gouvernement refuse l'invitation impériale, enverra ses orateurs les plus accrédités parmi les membres de la démocratie anglaise ;

La *Belgique*, symbole vivant de l'honnêteté politique et du progrès, applaudira par les représentants de sa constitution libérale à cette grande enquête sur les droits des nations libres ; celle-ci enverrait son Roi comme le plus digne ;

L'*Allemagne* viendra dire qu'elle veut être *une*, indivisible, régie par des lois identiques ;

L'*Espagne*, la radieuse Espagne, qui grandit et progresse, viendra puiser à cette source commune l'élément de sa prospérité ;

Et, lorsque de ce centre s'élèvera la voix unanime des peuples pour écrire un pacte définitif, soyez assuré que le retour dans leur patrie des *membres de ce congrès des peuples* sera l'objet d'une ovation éclatante.

Les souverains boudeurs entendront ces acclamations avec un esprit de terreur qui les fera repentir de leur refus... et, lorsque le programme, arrêté par ce congrès diplomatique de nouvelle forme, pénétrera dans les masses, les nations se lèveront et pourront redire à ces souverains entêtés la fameuse phrase devenue le *Mane Thecel Pharès* des gouvernements : IL EST TROP TARD !

Le CONGRÈS DES SOUVERAINS vous a manqué.

Le CONGRÈS DES PEUPLES ne vous fera pas défaut.

ALEXANDRE LAYA,
avocat, ex-professeur de droit.

www.ingramcontent.com/pod-product-compliance
Lightning Source LLC
Chambersburg PA
CBHW061325050726

47595CB00005B/1823